AF339938

ÉLOGE

DE GENSONNÉ

DISCOURS DE RENTRÉE

prononcé à l'ouverture des conférences de l'ordre des avocats de la Cour impériale
de Bordeaux

PAR A. CHENOU

AVOCAT A LA COUR IMPÉRIALE

BORDEAUX

G. GOUNOUILHOU, IMPRIMEUR DE LA COUR IMPÉRIALE

RUE GUIRAUDE, 11, ANCIEN ARCHEVÊCHÉ

—

1865

ÉLOGE

DE GENSONNÉ

Messieurs et chers Confrères,

On trouve aux archives de la Madeleine, dans les documents relatifs au cimetière de cette paroisse, une feuille de papier timbré sur laquelle sont écrites de la main du fossoyeur et paraphées par le président, ces deux lignes qui rappellent avec une hideuse réalité un des drames les plus affreux qui aient souillé notre grande Révolution : « Pour 21 députés de la Gironde, les bières 147 livres; frais d'inhumation, 63 livres : total 210. »

Parmi ces vingt-un députés, trois surtout se distinguèrent par l'éclat de leur talent, de leur caractère, de leur vertu, et par l'importance du rôle qu'ils ont joué, soit dans notre cité, soit dans les assemblées publiques de la France. Partis tous trois des rangs du barreau, rapprochés par leur âge, leurs opinions, leurs travaux, ils formèrent bientôt comme une noble alliance, qui fut resserrée chaque jour par les secousses et les rudes épreuves de leur vie, et qui fut enfin consacrée à jamais par leur mort héroïque.

Déjà vous les avez nommés, ces martyrs de la liberté :

vous reconnaissez tous le glorieux triumvirat de Vergniaud, de Guadet, de Gensonné.

L'histoire s'est emparée de leurs noms. Dans des mémoires, des biographies, des récits de toute sorte, elle a fouillé leur vie privée, analysé leur conduite, et trop souvent raconté faussement leurs actes, altéré leurs pensées et dénaturé jusqu'à leurs paroles, chacun apportant à cette œuvre ses rancunes de la veille ou ses passions du moment.

Trop souvent aussi le public s'est soumis à payer aux conteurs de cette époque le tribut d'une insouciante crédulité pour acquérir le droit de blâmer des hommes dont il refuse d'admirer la vie parce qu'il a dédaigné de la connaître.

Le barreau ne pouvait rester muet au milieu d'un concours d'appréciations et de jugements si divers; et maintenant que de longues années nous séparent de la vie et de la mort de ces hommes, que le silence de la tombe a calmé les passions qui s'agitaient autour de leur nom, et que leur grande ombre se détache dans toute sa pureté sur les noires limites du siècle passé, c'est à nous qu'il appartenait de payer à leur mémoire un tribut mérité de respect et d'admiration.

Déjà, par un pieux souvenir, le barreau de Bordeaux confiait, il y a quelques années, à nos confrères Foing et Lussaud, le soin de raconter la vie de Vergniaud et de Guadet, et vous savez tous combien cette tâche fut heureusement remplie. Cette année-ci encore, devant le barreau de Paris, Me Colin de Verdières, avec une parole pleine d'éclat, mais parfois peut-être un peu sévère pour son héros, faisait, il y a quelques jours à peine, l'éloge historique de Vergniaud.

Aujourd'hui, je viens vous entretenir de la vie de Gensonné, le dernier de ce groupe immortel qui est demeuré inséparable au milieu des divisions qui agitaient alors tous les partis, même celui de la Gironde, dont il était la plus brillante signification.

Vous le voyez, Messieurs, notre Ordre ne perd pas cette bonne tradition de perpétuer ainsi par des éloges officiels la mémoire de ceux qui ont illustré ses rangs. Chacun gagne à ce noble usage : les morts ne sont point oubliés, et les vivants grandissent au contact des vertus et des talents toujours présents et sans cesse rappelés de ceux qui ne sont plus.

Pour moi, Messieurs, qui viens aujourd'hui vous parler d'un de ces hommes dont le nom seul rappelle tant de souvenirs, et dont la vie a été si bien remplie, j'oublie un instant, je vous l'avoue, la gratitude que je vous dois pour le choix flatteur dont vous m'avez rendu l'objet, quand je pense à toute l'étendue et à toutes les difficultés de ma tâche.

Et cependant, je puise quelque courage dans la grandeur même de mon sujet, car les œuvres de Gensonné parlent d'elles-mêmes ; il suffit de les connaître pour les admirer : les actes de pareils hommes portent avec eux leur empreinte de célébrité, et le récit exact et fidèle de leur vie est toujours le plus bel éloge que l'on puisse en faire.

Gensonné naquit à Bordeaux le 10 août 1758. Élevé dans sa famille, une des plus riches et des plus honorables de notre cité, entre son père, chirurgien en chef des troupes du roi en Guyenne, son parrain Arnaud Pinel, avocat distingué, et son oncle M. de Tranchère, ancien membre de la jurade et procureur syndic de la ville, il avait grandi au sein de cette bourgeoisie intelligente et laborieuse qui, ayant pour elle la fortune et les places que lui assurait son mérite, tendait chaque jour à devenir la classe la plus influente de la société.

C'est dans ce milieu, dans l'étude de Voltaire, de Montesquieu, de Rousseau et, pourquoi ne pas le dire, dans l'air que l'on respirait alors en France, qu'il puisa ce goût d'indépendance qui le dirigea bientôt vers notre profession, et cet amour de la liberté auquel on le voit toujours fidèle, et pour lequel il n'hésite point à sacrifier plus tard sa fortune, ses affections de famille et sa vie.

Élève du collége de Guyenne, il y fit de fortes études, des lectures sérieuses, et se prépara ainsi aux rudes labeurs et aux grandes luttes qui l'attendaient dans sa trop courte carrière politique.

Il avait dix-sept ans et était alors en philosophie, quand survint à Bordeaux un événement qui mit toute la ville en émoi.

Depuis longtemps, en France, les Parlements, à défaut des États généraux que le roi ne convoquait plus, profitaient de leur droit d'enregistrer les édits et les ordonnances royales pour faire des remontrances, discuter et modifier les actes législatifs émanant du roi, et même en suspendre et en arrêter l'exécution.

Ce pouvoir, toujours contesté par la royauté, excitait chez elle de singuliers mécontentements, qui se traduisaient par des mesures plus ou moins énergiques, suivant le degré de résistance apporté par le Parlement : c'étaient les lettres de jussion, les lits de justice, l'exil. Cette fois le Parlement de Bordeaux avait poussé la résistance à l'extrême, et il était exilé à Libourne : l'ordre de rappel venait de paraître, et le peuple accourait en foule au devant de ses magistrats qu'il aimait. La rentrée du premier président Leberthon fut une véritable marche triomphale : les rues étaient jonchées de feuillages et de fleurs; partout des drapeaux, des banderolles, des arcs de triomphe; le cortége s'arrêtait de distance en distance, et des délégués de chaque corporation venaient offrir leurs hommages et leurs vœux à ce magistrat vénéré. Gensonné fut chargé, au nom de la jeunesse des écoles, de lui faire un discours : l'élégance de sa parole, la facilité de sa diction, le sérieux et la dignité de son maintien, furent remarqués par le premier président, qui dès ce jour le prit en affection, l'aida de ses conseils pendant ses études de droit, et lui facilita plus tard l'entrée au barreau.

De pareilles protections, Messieurs, honorent celui qui les donne et celui qui les reçoit ; le magistrat, près de finir sa carrière, est heureux de se voir revivre en quelque sorte dans un jeune homme laborieux et distingué, dont il suit les progrès et dont il prévoit le brillant avenir ; et le jeune homme, à son entrée dans la vie, encouragé dans ses efforts, soutenu dans ses défaillances, jaloux de mériter toujours la haute protection qu'il sent planer sur lui, poursuit son but avec une noble émulation, et arrive bientôt au succès et à la renommée.

Conduit au palais sous ce puissant patronage, Gensonné y marqua bientôt sa place par toutes les qualités précieuses qui devaient le distinguer plus tard à la tribune. Penseur libre et hardi, moraliste rigoureux, logicien irrésistible, il n'avait pas les splendeurs de langage et la magnificence de style de Vergniaud, ni l'élan chaleureux de Guadet, mais sa parole était sobre et claire, toujours élégante, et parfois mordante et acérée, son discours honnête et convaincant.

On lisait sur ses traits accentués, dans ses yeux vifs et pénétrants, la maturité précoce de la pensée, l'énergie du caractère, la fermeté des résolutions ; il n'y avait pas jusqu'à son écriture nette et propre qui ne révélât un esprit positif et réfléchi.

Grâce à ses études solides, son instruction variée et sa profonde connaissance des hommes et des choses, il improvisait facilement, ce qui était alors une rareté au palais, la mode étant aux plaidoiries et aux répliques de longue haleine, préparées à tête reposée dans le cabinet, écrites tout au long, et récitées ensuite à la barre le manuscrit à la main. Cette faculté d'improvisation nous prive aujourd'hui de la plupart de ses plaidoyers.

Tel est, Messieurs, le talent de l'orateur, à la différence de celui de l'écrivain, qui laisse des traces après lui : quand la mort a fermé de son sceau fatal cette bouche qui enchantait tout son auditoire, le charme disparaît, le prestige s'évanouit, et il ne reste rien de cette voix harmonieuse, de cette parole émouvante, de ce geste qui commandait le respect, rien qu'un morne silence et qu'un glacial oubli.

Que ne puis-je vous lire le plaidoyer de Gensonné dans l'affaire Faucon, que notre confrère Chauveau, dans son remarquable ouvrage sur le barreau de Bordeaux, reproduit presque en entier :

Une jeune fille, Guillaumine Mare, d'une moralité plus qu'équivoque, se trouvant alors enceinte, plaidait contre un sieur Faucon, encore mineur, qu'elle accusait d'être l'auteur de sa grossesse, et lui demandait le mariage ou une somme énorme à titre de dommages-intérêts. Le sieur Faucon avait succombé devant les premiers juges, et l'affaire venant en appel, Gensonné était chargé de sa défense. Il avait contre lui une jurisprudence presque unanime ; on abusait alors de la maxime : *Virgini prægnanti creditur;* les Tribunaux inférieurs surtout, s'appuyant sur quelques arrêts des Cours souveraines, avaient adopté cette maxime comme une véritable loi, et celui dont il attaquait le jugement venait encore de l'appliquer dans toute sa rigueur. C'est vous dire combien sa tâche était difficile. Il débute en signalant aux juges l'inconduite de la demanderesse et la minorité de son client, qu'il ne craint pas d'appeler deux fins de non-recevoir se dressant pour repousser la demande; il raconte ensuite, dans un langage saisissant, les dissipations de la jeune fille, l'imprudence coupable de sa mère, les séductions de toutes sortes dont elle a entouré son jeune client, et le désespoir de ce dernier, enfermé dans un cachot, et payant, par le sacrifice de sa liberté, de son état et de sa fortune, une faute qui n'est pas la sienne; puis, passant à l'examen de la sentence dont il poursuit la réformation, il se demande quel a pu être le motif de la sévérité des premiers juges; et indiquant, pour la combattre, la jurisprudence que l'on suivait alors, il déplore la cruelle alternative laissée aux jeunes gens séduits par ces filles éhontées, de s'unir à une femme qu'ils méprisent, ou de gémir dans une prison, écrasés sous le poids de condamnations pécuniaires. Sa pensée et son style grandissent à mesure qu'il pénètre plus avant dans son sujet, et il termine par des considérations de l'ordre le plus élevé.

On distingue déjà, dans ce plaidoyer remarquable, le vrai caractère du talent du Girondin : il a le style net, formule des idées bien conçues; la diction soignée, la phrase bien faite, fruit des bonnes études littéraires; enfin, la discussion solide et bien nourrie, qui annonce et la rectitude du jugement et la connaissance sérieuse des affaires; il pose le principe et en déduit toutes les conséquences avec une logique et une lucidité parfaites; puis il a cette habitude, qui n'appartient qu'aux esprits supérieurs, d'envisager toujours son sujet par les grands côtés, et de le dominer sans cesse par des vues d'ensemble.

Ces rares qualités le mirent bientôt sur le premier rang au palais, et on lui accorda de bonne heure une confiance que l'on ne réserve en général qu'aux hommes âgés et mûris par l'expérience; aussi trouve-t-on dès cette époque son nom au bas de consultations délibérées avec les plus vieux de son temps.

Au mois de septembre 1787, le Roi le nomme secrétaire général de la ville, et il refuse parce qu'il ne saurait accepter d'être le représentant de sa cité sans s'être assuré de son aveu; six ans plus tard, à la veille d'aller à l'échafaud, il refusera aussi de s'évader de la prison où l'ont fait enfermer sa modération et son dévouement pour le peuple, parce qu'il ne veut point faillir au mandat qu'on lui a confié. C'est entre ces deux actes que se déroule dans son admirable unité toute la vie politique de Gensonné : l'un en est le prélude, l'autre le couronnement.

Pour lui, il n'y a pas de système de gouvernement possible sans la souveraineté du peuple, sans la représentation nationale dans sa plus large expression; c'est là, dans son esprit, l'idée fondamentale et, comme il le dit lui-même, la base d'une véritable religion politique. Il joint au respect de ce principe un ardent amour de la liberté et de l'égalité. Mais l'égalité qu'il veut, c'est celle des droits, la seule possible pour l'homme social. Vergniaud l'a dit dans une de ces sublimes formules qu'enfantait parfois son génie : la liberté qu'il aime n'est point cette licence effrénée qui pose en axiome la négation de toute règle et proclame le règne du désordre et de l'anarchie; mais une liberté sage et modérée qui fixe le devoir de chacun pour assurer le droit de tous, et qui maintient toujours parmi les hommes l'ordre, l'harmonie et la sécurité.

Avec de pareils principes, vous comprenez, Messieurs, quel dut être l'enthousiasme du jeune avocat quand il apprit la convocation des États généraux, quand il sut la mâle attitude prise par le tiers État dans le sein de la Constituante, et quand il vit enfin sortir tout d'une pièce des mains de cette illustre et courageuse assemblée le plus beau monument que la philosophie du xviiie siècle et l'expérience acquise par les douleurs de dix générations successives aient pu élever à la dignité humaine et à la prospérité de toutes les nations modernes : je veux parler de la déclaration des droits de l'homme et de la Constitution de 1791.

Vous savez tous quelle affreuse convulsion il fallut pour obtenir tout à coup cette régénération et pour opérer une révolution capable de renverser des institutions dont la ruine était depuis longtemps préparée, mais qui se trouvaient encore mêlées et comme fondues avec toutes les lois religieuses et politiques de l'Europe, et liées si étroitement à une foule d'idées, de sentiments, de coutumes, de mœurs qui ne pouvaient disparaître en un jour.

La crise fut terrible. Combien d'hommes, combien de pays dépassèrent le but dans ce généreux élan ! Que d'excès au nom de cette cause sainte ! que de désordres, que de massacres inutiles et odieux !

Bordeaux fut peut-être, de toutes les grandes villes, la dernière souillée par ces drames sanglants.

La gloire en revient tout entière aux hommes qui dirigeaient alors l'opinion publique et les affaires de la cité ; parmi eux, Gensonné tient la première place, car c'est lui qui est resté l'homme le plus influent de notre ville pendant les deux premières années de la Révolution.

Suivons-le pendant ces deux années, les dernières qu'il passera au milieu de ses compatriotes, et nous verrons que s'il se montre toujours partisan dévoué du mouvement révolutionnaire, il en est en même temps le modérateur, et qu'il apporte dans toute sa conduite l'amour de l'ordre, le respect de la loi, l'énergie pour réprimer tous les abus et par dessus tout la plus haute moralité.

En 1790, quand le peuple bordelais use pour la première fois du droit de choisir lui-même sa municipalité, Gensonné

en fait partie comme notable ; il fut aussi l'un des fonda-
teurs et bientôt le président de cette Société des Amis de
la Liberté qui comptait alors les hommes les plus honorables et les plus haut placés de Bordeaux. C'est en cette
double qualité qu'il favorisa et sut régler le mouvement
qui conduisit la garde nationale de notre ville à marcher,
sous les ordres du général Courpon, au secours des
patriotes de Montauban. Cette expédition, qui fut d'ailleurs
très pacifique, prenait alors une grande signification. A
Montauban, comme dans beaucoup de villes, il y avait des
partisans de l'ancien régime qui, se trouvant assez nombreux pour faire la loi au reste de la population, arrêtaient
la marche des institutions nouvelles, refusaient d'obéir à
la constitution, et persécutaient ceux qui voulaient s'y
montrer fidèles.

Marcher contre ces fanatiques, c'était proclamer le
respect de la Constitution, protéger le nouvel ordre de
choses contre les tendances rétrogrades, soutenir les
patriotes, et frapper d'impuissance les réactionnaires.

Du reste, Messieurs, Gensonné apportait à cette œuvre
sa sagesse et sa modération ordinaires, et dans la soirée
du 11 juin, quand le général Courpon, de retour de son
expédition, se rend à la Société des Amis de la Liberté et
qu'il a pris place dans la salle, au milieu des frénétiques
applaudissements de l'assemblée, Gensonné, en sa qualité
de président, lui adresse des félicitations dans lesquelles
il loue moins encore sa bravoure et son zèle à remplir la
mission qu'on lui avait confiée, que la fermeté avec
laquelle il a contenu le courage de ses soldats, et maintenu
parmi eux la plus exacte discipline et la plus heureuse
subordination.

Le soin des affaires publiques ne le détachait pas de ses
travaux du barreau ni de ses études en économie politique,
science qui n'était encore qu'au berceau, et sur laquelle

il a écrit de précieux mémoires que ne désavoueraient pas les plus habiles de nos jours.

Il avait aussi ses heures de repos et de délassement, pendant lesquelles, retiré dans sa maison de la rue des Trois-Conils, il relisait ses auteurs favoris ou conversait avec quelques amis ; puis il fréquentait ceux de ses parents qui habitaient Bordeaux, surtout la famille des Leysson, ses cousins. Dans cette maison se trouvait une jeune fille d'un rare mérite et d'une beauté remarquable, à laquelle il s'était depuis longtemps attaché ; et devinant avec son âme délicate et honnête tout le charme que l'on éprouve à vivre dans l'intimité d'une femme que l'on respecte et que l'on aime, il demanda bientôt la main de sa cousine et l'obtint.

A Dieu ne plaise, Messieurs, que j'essaie de soulever d'une main indiscrète le voile sous lequel sont jaloux de se cacher tous les jeunes époux. L'amour vit de mystère, et ce serait faire comme une profanation que d'essayer d'en redire les extases et les ravissements. Heureux ceux qui ont goûté ces douces joies du foyer domestique ! Mais malheureux aussi ceux qui, après avoir porté à leurs lèvres cette coupe délicieuse du bonheur, l'ont vue presque aussitôt se briser à jamais dans leurs mains, et s'en vont ensuite de par le monde, déchirés et meurtris, sans emporter avec eux d'autre consolation que l'amère volupté de leur douleur !

Le mariage pour Gensonné ne devait point être une retraite ; il comprenait trop bien les exigences et les nécessités de la vie publique à laquelle il s'était voué. Il semble même qu'assuré désormais de retrouver toujours dans son intérieur cette paix et ce repos vivifiant qui remettent de toutes les fatigues, il se donne tout entier aux fiévreuses agitations de la vie du dehors.

Le 19 juillet, on le nomme procureur syndic de la

commune, fonctions très importantes à une époque où le pouvoir judiciaire avait été confié aux municipalités.

A peine était-il installé dans ses nouvelles fonctions, qu'un grave événement survint, qui lui permit de se montrer tout entier.

Le pain était cher ; le peuple se plaignait, et de perfides meneurs exploitant cette situation, répandaient de faux bruits dans la foule, désignaient quelques marchands de grains comme des accapareurs, et excitaient à la vengeance et au désordre.

L'occasion était belle pour faire de la popularité et pour sacrifier quelques hommes au plus grand nombre, c'est à dire à la foule des séditieux.

Mais Gensonné n'écoute que sa conscience : la foule avait tort ; il requiert contre elle et demande aux juges de se montrer sévères, leur disant dans un noble langage que leur mission consiste surtout à éclairer le peuple dont on leur a confié les intérêts, à rectifier ses idées et à combattre courageusement ses préjugés.

Il leur indique la liberté du commerce comme le moyen le plus sûr, le plus prompt et le moins dispendieux pour fournir aux besoins de la nation, et leur montre que le défaut de circulation amène seul les accaparements, et que le monopole ne peut être écarté que par la concurrence ; prouvant ainsi, par chacune de ses paroles, combien il a, sur toutes les questions commerciales, des vues pratiques et des connaissances approfondies.

C'est qu'il est de Bordeaux, de cette grande et belle cité qui, avec son fleuve admirable, son climat tempéré, ses vins exquis, le caractère affable et sympathique de ses habitants, s'est toujours montrée une des premières places de commerce du monde ; il connaît le plan et la marche des entreprises commerciales ; il comprend les nécessités et aussi les hasards de la vie des affaires : et si son patrimoine, négligé pour le soin de la chose publique, diminue chaque jour entre ses mains, il voit sans envie grossir celui des commerçants ; car il sait que le négociant qui risque beaucoup a le droit de gagner beaucoup aussi ; il sait que la spéculation est toujours permise quand elle fonde ses chances de succès sur l'honnêteté et le bon sens de celui qui la fait.

A quelque temps de là, une sorte d'émeute avait éclaté dans le régiment de Sainte-Eulalie, à propos d'une question de discipline militaire ; le Comité du régiment, puis le Conseil général de l'armée, avaient statué rigoureusement, et la dernière décision était définitive. Les condamnés, mécontents, font appel à la garde nationale, qui, se laissant entraîner par cet esprit d'insubordination, nomme des députés et forme un bureau chargé de réviser la décision ; la municipalité elle-même, en l'absence du procureur de la commune, avait reçu une députation de ce bureau et l'avait autorisé à délibérer. Le lendemain, Gensonné, apprenant ce qui s'était passé, accourt au conseil et prononce, pour faire rapporter l'arrêté pris la veille, un vigoureux réquisitoire, en démontrant toute l'illégalité des mesures adoptées par la garde nationale ; blâmant d'autant plus sa conduite, que c'est à elle surtout à se dis tinguer par le respect de la règle, et que si l'on parvenait à entretenir, par les dissensions de ses troupes, les désordres qu'elle a le devoir de réprimer, ce serait le signal de la plus complète anarchie.

Une autre fois, c'est contre les clubs qu'il appelle toutes les sévérités de la loi, dans un magnifique réquisitoire que n'aurait point désavoué le procureur général Dudon. C'est l'abbé d'Oreilly qui parle ainsi dans son *Histoire de Bordeaux,* et il n'est point de ceux que l'on puisse soupçonner de partialité pour les Girondins. Mais il avait lu et admiré les réquisitoires de Gensonné, à la différence des écrivains qui n'ont point craint de le représenter comme un farouche démagogue, sans connaître apparemment ni ses opinions, ni ses paroles, ni ses actes.

Parfois aussi ses fonctions de procureur l'appelaient à un ministère plus pacifique : le 20 novembre, quand on installe à Bordeaux le premier tribunal de district, c'est lui qui reçoit le serment des magistrats citoyens, et il leur adresse alors une allocution où se révèle tout son enthousiasme pour la liberté, sa foi dans l'avenir et ses touchantes espérances pour la prospérité de la France !

Il y a dans ce discours un trait saillant : ce sont les paroles pleines de respect et d'affection que le Roi lui inspire. Plus tard, quand il rédige, au nom de la municipalité, une lettre pour Duport, que Louis XVI venait de nommer ministre de la justice, il s'exprime avec la même confiance et la même sympathie pour la personne royale. Qu'on ne dise donc pas qu'il était l'ennemi juré de la royauté !

Non, son cœur ne connaissait point la haine. Sans doute il éprouvera bientôt, comme beaucoup d'honnêtes gens, un douloureux étonnement en voyant la fuite du Roi à Varennes ; sans doute, il regrettera profondément de le voir quitter la ligne droite et ferme de conduite, la seule possible à suivre, pour se jeter dans cette voie dangereuse des essais, de l'attente et des hésitations continuelles ; et plus tard, quand il verra ses idées méconnues, ses principes reniés et ses offres repoussées par la Cour, il pourra devenir l'adversaire politique du pouvoir royal ; mais il n'avait au début aucune idée préconçue, aucune aversion soit pour la royauté, soit pour le Roi lui-même ; au contraire, il respectait la royauté parce qu'il la voyait proclamée par la Constitution, et il portait à la personne du Roi tout l'attachement que méritait d'ailleurs ce prince vertueux et bon.

Cependant, l'Assemblée constituante venait de se dis-

soudre ; elle laissait au monde un monument gigantesque ;
je dis au monde, Messieurs, car la Constitution de 1791
n'était pas la loi de telle ou telle nation, mais la déclaration
solennelle des droits et des devoirs de l'humanité tout
entière ; c'est elle qui proclamait l'égalité de tous devant
la loi ; la liberté des personnes, des opinions et des consciences ; la séparation des pouvoirs, la libre défense des
accusés, en un mot les grands principes d'éternelle vérité
et d'éternelle justice.

Il fallait maintenant les appliquer, ces principes, et en
assurer le maintien dans le fonctionnement des institutions
nouvelles ; c'était là le travail qui attendait la nouvelle
Assemblée. La Constituante avait fait une œuvre de créa-
tion : la Législative devait consolider ; la Constituante avait
détruit le passé et fondé l'avenir : la Législative devait
assurer le présent. Tâche délicate, Messieurs ! Nous pou-
vons le dire aujourd'hui, puisque l'histoire nous l'apprend,
la Constitution de 91 était peu pratique ; ses principes
étaient admirables, mais leur application le plus souvent
défectueuse. Dans son gouvernement représentatif, il n'y
avait point de place pour l'autorité, point de force pour le
Pouvoir exécutif ; le nom du Roi était partout, et son action
nulle part ; la lutte devait s'engager forcément entre ce
Roi, qui n'était qu'un représentant du peuple, et le peuple
tout entier, se représentant lui-même toujours et partout,
dans l'Assemblée, dans les communes, dans les clubs, dans
les sections, et jusque sur la place publique ; et déjà l'on
pouvait prévoir quels seraient dans une pareille lutte le
vainqueur et le vaincu.

Puis, la Constitution nouvelle enlevait aux nobles leurs
priviléges, aux prêtres leur influence. La noblesse et le
clergé ne pouvaient l'accepter sans résistance ; la noblesse
émigrait, et, à l'aide de projets imprudents, de funestes
menées, soit en France, où elle fomentait la discorde, soit

à l'étranger, d'où elle proférait la menace, elle devait essayer de rétablir l'ancienne monarchie.

Le clergé se trouvait divisé par l'application des mesures sur le serment ecclésiastique; quelques prêtres acceptaient de prêter le serment que l'on réclamait d'eux; beaucoup s'y refusaient. De là, les querelles des non assermentés et des constitutionnels; de là, une lutte de chaque jour, dans laquelle chacun offrait ses partisans, ses fanatiques; de là, enfin, pour le pays tout entier, une cause, de graves désordres et de troubles continuels.

C'est dans ces conditions difficiles que la nouvelle assemblée se réunissait pour consolider l'œuvre de l'ancienne et réaliser le plan tracé par sa sœur aînée.

De tous les hommes nouveaux qui allaient en faire partie, nul peut-être ne comprit mieux que Gensonné le vrai caractère de sa mission. Mais il ne lisait point dans l'avenir et ne pressentait point tous les obstacles que l'ambition ou la haine jetteraient sur sa route. Élu député par ses concitoyens, il les quittait plein de confiance pour aller remplir ce nouveau mandat; et il partait plein d'espoir, mais aussi plein d'illusions, voulant le bien-être et le bonheur du peuple, le voulant avec toute l'honnêteté de son âme, avec toute l'énergie de son caractère, mais ne prévoyant pas encore, il faut bien le dire, à quel prix on devrait l'acheter.

Son nom était connu maintenant; il avait présenté à la Constituante un mémoire sur l'émancipation des hommes de couleur, mémoire qui fut plus tard fondu en un projet de décret, rédigé par lui, et imprimé par ordre de la Convention nationale; on y avait remarqué son libéralisme, ses instincts généreux et la sagesse de sa politique; puis on savait sa conduite à Bordeaux; c'était lui que le département de la Gironde avait nommé juge au Tribunal de cassation; c'était lui enfin que la Constituante avait chargé de parcourir avec Gallois l'ouest de la France, pour étudier la cause des troubles qui jetaient le deuil dans ces contrées et chercher le moyen de les arrêter.

L'Assemblée venait de se réunir; les huit premières séances s'étaient écoulées en travaux préliminaires; on avait reçu le serment des députés de fidélité à la Constitution; on avait vu venir le Maire, puis le Roi au sein de l'Assemblée, et y prononcer des discours, le tout dans une grande solennité, au milieu de l'enthousiasme et de l'émotion du pays tout entier. Quand l'Assemblée commence le cours régulier de ses travaux, le premier objet qui la préoccupe est la lecture du rapport de Gallois et de Gensonné sur l'accomplissement de leur mission dans les Deux-Sèvres et la Vendée.

Dans ces deux contrées, l'époque de la prestation du serment ecclésiastique avait été le signal de troubles et d'excès de tous genres.

La Vendée était, il y a un demi siècle, avant d'avoir été transformée par l'établissement des voies ferrées et d'avoir subi cette fusion qui résulte de la promptitude et de la facilité des communications, du passage continuel et du contact incessant des étrangers, la Vendée était assurément, avec la Bretagne, le pays de France qui avait conservé le plus de couleur locale. Ses habitants étaient alors et sont encore aujourd'hui essentiellement religieux. Les paysans de ces contrées ne pensent pas, ils croient; la religion constitue l'unique habitude morale de leur vie, et ils s'attachent surtout avec une crainte révérentieuse et qui tient de la superstition à tous ses emblêmes, ses symboles, à toutes ses formes et ses manifestations extérieures; de là, pour eux, une confiance illimitée en tout homme qui porte l'habit de prêtre : de là, aussi, pour les prêtres, un pouvoir immense sur leur esprit et leur conduite. Vous devinez, Messieurs, quel dut être dans un pareil pays l'effet des luttes entre les prêtres non assermentés et les prêtres constitutionnels; les premiers organisèrent une coalition puissante, ayant son plan d'opposition, avec ses missionnaires, ses décrets, ses circulaires, où les prêtres constitutionnels étaient qualifiés d'intrus, où l'on défendait de suivre leur culte, d'avoir aucun rapport avec eux, où l'on déclarait nuls les mariages qu'ils avaient célébrés, et bâtards les enfants issus de ces mariages. De semblables instructions alarmaient les consciences timorées de certains habitants, passionnaient les têtes exaltées des autres, et, le fanatisme et la superstition aidant, on courait aux armes et on se livrait aux excès les plus graves contre les prêtres assermentés et ceux qui fréquentaient leurs églises.

Gallois et Gensonné avaient parcouru tous les pays agités par ces troubles, arrêté provisoirement le mal par des mesures préliminaires prises de concert avec Dumouriez qui commandait alors dans ces contrées, souvent payé de leur personne en convoquant les populations pour leur adresser des conseils et des remontrances, partout étudié l'esprit et les mœurs des habitants, les causes du mal et la possibilité du remède.

Dans le Rapport qu'ils présentaient à l'Assemblée, ils donnent le détail de leurs démarches, de leurs travaux, des résultats qu'ils ont obtenus et de ceux qui restent à poursuivre encore.

C'est Gensonné qui lit le Rapport, en avouant qu'il est de Gallois, aveu modeste, qui ne lui ôtait rien de sa part d'éloges. La question fut mise à l'ordre du jour; de nombreux députés prirent la parole; Lémontay, Torné, Fauchet, Isuard, prélats ou laïques, se prononcèrent : les uns pour la rigueur, les autres pour l'indulgence. La discussion durait depuis près d'un mois et occupait presque exclusivement les séances de l'Assemblée; Gensonné se lève, passe à la tribune, et prononce sur la matière un admirable discours que l'Assemblée tout entière écoute avec un religieux silence et une profonde attention. Il explique d'abord l'importance de la détermination qui va être prise et l'influence qu'elle peut avoir sur la tranquillité intérieure et la sûreté extérieure de l'État ; puis il passe en revue les causes du mal, et indique enfin le remède à suivre : Point de mesures rétrogrades, comme la dispense du serment ecclésiastique ; ce serait violer la Constitution ; mais point non plus de rigueurs inutiles et impolitiques, comme la transportation des prêtres non assermentés ; une loi de détail assurant avec fermeté, mais aussi avec beaucoup de prudence et de ménagement, l'exécution des articles constitutionnels arrêtés par la précédente Assemblée.

En cela, il se trompait, car la Constitution civile du clergé était une œuvre obscure et incomplète, et, il faut bien le dire, inapplicable ; il se trompait aussi quand il rêvait pour les prêtres civilisés du xviiie siècle la simplicité de mœurs de la primitive Église; mais du moins ses intentions étaient pleines de pureté ; et s'il supporte mal dans la droiture de sa conscience l'influence exorbitante que s'était arrogé le haut clergé; s'il veut que la Constitution qui est sacrée pour lui soit respectée par le prêtre comme par tout autre citoyen, s'il a fait dans son esprit la distinction radicale entre le pouvoir spirituel et le temporel, et s'il veut établir dans l'exercice du culte ce droit de police et de surveillance de l'État, que viendra plus tard assurer le concordat, son cœur du moins n'est point fermé à la religion, et sa bouche ne profère, quand il s'adresse aux prêtes constitutionnels, que des paroles respectueuses et touchantes.

Dans ce discours, le plus remarquable et le plus complet de tous ceux qui furent prononcés sur la question, on le voit se poser de suite en orateur et en homme d'État. Dès ce moment, il devient une des lumières de l'Assemblée;

il prend la parole sur toutes les grandes questions, et fait sur chacune des rapports détaillés et complets, précieux travail dans les Assemblées délibérantes, car il sert à poser les bases de la discussion, empêche les orateurs de s'égarer, et maintient toujours dans les débats l'ordre et la clarté.

Avec les troubles religieux, l'émigration était alors la grande plaie de la France : une foule d'hommes, enthousiastes de leurs vieux parchemins, égarés par l'espoir de faire revivre un passé qu'ils regrettaient, désertaient le pays et transportaient à l'étranger leur famille, leur industrie et leur richesse. Beaucoup d'entre eux s'étaient établis dans le Brabant et quelques petits États allemands, et y avaient organisé un foyer actif de contre-révolution. Le Roi et l'Assemblée étaient également alarmés et voulaient, chacun par des moyens différents, porter remède à cet ordre de choses : Brissot, Condorcet, Vergniaud, avec leur éloquence ordinaire, avaient discuté les mesures à prendre, et le 7 novembre 1791, on avait adopté, sur leur proposition, un premier décret, qui n'était qu'une menace et devait rester sans effet. Le 1er janvier, la situation empirait, et la sûreté nationale exigeant un remède plus énergique, on rédige le projet d'un nouveau décret, et on le soumet au Comité diplomatique et au Comité de Surveillance. C'est Gensonné qui fait le rapport au nom du Comité diplomatique, et vient ensuite le lire à l'Assemblée ; toutes ses conclusions sont adoptées dans l'acte d'accusation lancé, le 6 février, contre les princes Philippe et Joseph Bourbon, contre Calonne Laquenille et Riquetti.

C'est lui, enfin, qui rédige le rapport sur l'office de l'empereur d'Autriche, note diplomatique que ce souverain avait fait remettre à l'ambassadeur de France à Vienne, et dans laquelle il tenait un langage menaçant pour les Français; là, il se révèle comme un habile diplomate et un généreux patriote, réclamant pour son pays l'attitude indépendante qui peut seule lui convenir. A la fin de ce discours, il s'écrie en parlant de Louis XVI : « Dites-lui que la nation française ne désire que de resserrer les nœuds qui l'attachent à lui; qu'il lui doit le sacrifice de tout ménagement, de toute considération étrangère au salut de la patrie; que l'Europe entière l'observe; que la nation attend de son roi une conduite ferme, franche et loyale, et que la confiance et l'amour de tous les Français seront toujours à ce prix. » Paroles mémorables qui pouvaient être un avertissement pour le roi, mais dont il ne devait pas tenir compte.

En effet, Messieurs, ce prince malheureux, entouré de conseils imprudents ou perfides, au lieu d'accepter franchement la Constitution ou de se mettre ouvertement en lutte avec elle, était entré dans une voie déplorable de tâtonnements, d'incertitude, de politique équivoque et irritante, qui avait produit les journées du 20 juin et du 10 août, et qui avait amené plus tard sa suspension et la convocation de la Convention nationale.

La nouvelle Assemblée se réunissait le 22 septembre 1792, composée de députés récemment élus et d'anciens députés de la Législative; ceux-là, et Gensonné était du nombre, se connaissaient entre eux : chacun d'eux avait déjà un passé politique, glorieux pour les uns, honteux pour les autres; de là, un élément continuel de discorde dans les délibérations, qui devaient dégénérer trop souvent en interpellations, en menaces, en personnalités injurieuses et blessantes.

Puis, les passions s'envenimaient chaque jour dans ce laborieux enfantement de la liberté; enfin, certains hommes, ambitieux et cupides, se souciaient peu de l'intérêt public, et ne songeaient qu'à assurer, au milieu du tumulte et du désordre, leurs satisfactions et leurs intérêts personnels. Gensonné le comprit bientôt, et par un généreux élan, qui dénote à la fois et la portée de son esprit et son désintéressement, il monte à la tribune pendant la séance du 29, et dans un chaleureux discours qui électrise l'Assemblée tout entière, il demande et fait voter à l'unanimité un décret par lequel aucun des membres de la Convention nationale ne pourrait accepter ni remplir aucune fonction publique que six ans après l'établissement de la nouvelle Constitution.

Et cependant, la Convention avait proclamé la République et l'abolition de la Royauté ; mais cela ne suffisait pas, et le peuple, dans son ivresse, réclamait de sanglantes hécatombes. Gensonné prévoyait depuis longtemps le danger, et plus d'une fois il avertit le roi ; il l'avait prévenu dans ses discours, dans ses écrits ; c'est lui qui rédigea ce Mémoire plein de sagesse que le peintre Bos avait remis aux Tuileries, et dans lequel la Gironde offrait son appui à la cour. Ces nombreuses démarches frappèrent Thierry, valet de chambre de Louis XVI, qui raconte avec une naïveté touchante le généreux empressement des Girondins. Enfin, il vota et soutint énergiquement ce dernier remède, le seul qui pût sauver le roi : l'appel au peuple ; et quand le jour suprême arrive, il se range à la majorité, et frappe lui aussi le monarque détrôné. Singulier contraste et étrange aveuglement ! Hélas ! Messieurs, je ne saurais vous dire quel fut alors le secret de son âme ; et cependant, je ne puis croire à de la lâcheté de sa part, quand je vois qu'il fait accompagner son vote d'une motion pour demander que la Convention délibère immédiatement sur les mesures de sûreté à prendre en faveur des enfants du condamné, et qu'elle enjoigne au ministre de la justice de poursuivre par devant les tribunaux les assassins et les brigands des 2 et 3 septembre : tout le monde connaissait les septembriseurs, on savait la toute puissance du brutal Marat, du perfide Robespierre, et il fallait un grand courage pour les désigner ainsi ouvertement à l'exécration publique.

Et puis, Messieurs, peut-être la mort du roi fut-elle bien moins l'œuvre de la Convention, dont le vote était devenu, pour qui veut suivre les événements et les étudier dans leur logique, un mot fatal et nécessaire, que l'œuvre du malheureux roi lui-même et le résultat de la lutte qui s'était engagée, la fatalité l'avait voulu ainsi, entre lui et la Constitution : lutte déplorable dans laquelle il avait pour lui l'imprudent appui de la noblesse et du clergé et les insolentes menaces des princes étrangers, et contre lui le peuple tout entier, prêt à écraser dans sa fureur quiconque essayait de lui ravir cette liberté qu'il avait si chèrement achetée. Dans ce duel terrible, la Royauté ou la Constitution devait périr ; la Constitution restant debout, le roi tombait ; l'Assemblée n'y pouvait rien, et Louis XVI absous par la Convention, eût été massacré par le peuple qui assiégeait ses portes.

Mais laissons là ces cruels souvenirs. Vainement j'aurais tenté de les oublier ; car il y a, dans le livre où s'écrit l'histoire des nations, des feuilles encadrées de noir sur lesquelles on inscrit les jours néfastes. Chaque génération a les siennes, et elle lègue comme un triste héritage aux générations qui la suivent la mémoire de ses fautes et leur humiliation.

Le roi mort, c'est aux Girondins qu'on allait s'attaquer désormais ; la cour les avait repoussés comme libéraux, les démagogues les accusaient de royalisme, et bientôt l'Assemblée n'offrit plus que l'affligeant spectacle de luttes acharnées entre la Montagne et la Gironde ; d'un côté, c'était la calomnie, l'injure, la menace ; de l'autre, une loyale défense, une noble fierté, une indignation écrasante.

Dans l'Assemblée, la Montagne ne pouvait pas lutter

contre la Gironde, qui la foudroyait de son éloquence; alors, c'est au dehors, dans les clubs, dans les sections qu'elle agissait surtout, entretenant des foyers de discorde, ameutant la foule, soulevant toutes ses mauvaises passions, et soudoyant de perfides meneurs, êtres obscurs et hideux qu'on ne voit qu'aux jours de massacre, comme ces sombres oiseaux de mer qui ne paraissent que dans la tempête.

Les Girondins étaient trop honnêtes pour employer de semblables armes; dans une pareille lutte, ils devaient succomber, et ils succombèrent en effet.

Gensonné, plus que tous les autres, irritait ses adversaires en les terrassant par son sang-froid et sa forte logique; aussi le signalait-on sans cesse comme un des principaux ennemis de la cause populaire.

Ce n'était plus le député enthousiaste et confiant de la Législative; le temps avait marché, l'expérience lui était venue, et avec elle la désillusion. Vainement il avait voulu la liberté sans crime et sans souillure; vainement il avait résisté toujours avec une égale énergie aux désordres de l'anarchie et aux efforts rétrogrades de la noblesse et de la Cour : la Cour l'a repoussé; puis la royauté est tombée, et maintenant il voit le peuple, égaré sur ses vrais intérêts, devenir l'instrument docile et brutal de l'indigne faction qui domine l'Assemblée; il comprend désormais son impuissance, et attend avec calme le résultat fatal.

Son attitude est fière et dédaigneuse, une raillerie amère se peint dans son geste et dans sa parole; il ne dissimule plus le profond mépris que lui inspirent ses adversaires, et se borne à les humilier en les écrasant de son éloquence.

Un jour, on dit près de lui, dans la discussion, en parlant de quelques députés de la Montagne : « Mais ils ont sauvé la patrie. » « Oui, ajoute-t-il avec beaucoup de sang froid, comme les oies du capitole. » Je vous laisse à penser quel tumulte ces mots soulevèrent dans l'Assemblée : des rires d'abord, parce que les Français accueillent toujours ainsi les mots spirituels, même quand ils renferment une dureté pour eux ; puis des huées, des cris et un désordre épouvantable. Tout cela ne devait point diminuer la fureur de ses adversaires.

Chaque jour on excitait contre lui la foule ; chaque jour de nouvelles dénonciations arrivaient sur son compte et sur celui des autres Girondins ; chaque jour enfin, les sections de Paris, soulevées par Robespierre, envoyaient des députations qui venaient au sein de l'Assemblée vomir l'injure et la menace.

Le 10 mars 1793, une députation de la section Poissonnière vient à la barre de la Convention demander la tête de Vergniaud, de Guadet, de Gensonné. Celui-ci se lève, et avec la précision et le sang-froid d'un homme complétement désintéressé, il discute avec les pétitionnaires et démontre jusqu'à l'évidence et l'absurdité de leurs dénonciations et l'inconvenance de leur pétition. Courage inutile, Messieurs, et qui ne pouvait que hâter sa ruine ; et, en effet, quand paraît, le 27 juin, le décret de la Convention qui ordonne que les Girondins seront mis en état d'arrestation chez eux, son nom est le premier de la liste. A l'heure où ce décret honteux était voté, non point par l'Assemblée tout entière, car, il faut le dire à leur louange, les deux tiers des députés s'abstinrent ce jour-là, mais par la Montagne et une foule d'étrangers à la Convention qui n'avaient pas craint de s'asseoir sur les bancs des législateurs et d'en usurper indignement les fonctions, Gensonné écrivait à ses amis de Bordeaux une adresse pleine de dignité et de résignation, dans laquelle il déclare accepter la mort qui l'attend, pourvu que cette mort puisse être utile à la République, pour le bonheur de laquelle il fait les vœux les plus ardents ; et chose étrange, Messieurs, et qui peint admirablement le caractère et la religion politique de Gensonné, pendant qu'il fait cet appel à ses concitoyens et qu'il semble invoquer leur secours, il refuse par trois fois de s'évader et de fuir ainsi une mort certaine !

La première fois, c'est Talma, le tragédien montagnard, qui, avec cette générosité que l'on trouve toujours chez les grands artistes, lui porte un passe-port et veut entrer à sa place à la conciergerie, et y rester caché jusqu'à ce que le proscrit ait quitté la France. Le moyen est indigne de lui, et pourrait d'ailleurs compromettre son libérateur : Gensonné n'accepte pas.

La seconde fois, c'est Guadet, prisonnier comme lui et enfermé dans la même maison, qui le supplie de fuir. La chose était facile : le gendarme qui les surveillait était un ancien soldat de la garde suisse, auquel Gensonné avait sauvé la vie le 10 août. Guadet insistait, représentant à son ami combien ses jours étaient précieux à sa famille, utiles à sa patrie, et combien il serait coupable envers elle s'il ne cherchait pas à les conserver.

Mais Gensonné reste sourd aux prières de son ami et aux supplications et aux larmes de sa jeune femme, alors enceinte et tout près de donner le jour à un garçon, le seul du nom qui aurait pu, s'il était resté en ce monde, empêcher la famille de s'éteindre, mais qui devait vivre quelques années seulement, chétif et délicat, auprès de sa mère en deuil, et mourir ensuite prématurément.

Enfin, le ministre de l'intérieur, Garat lui-même, lui fait offrir la liberté, et il refuse encore. Ainsi, vous le voyez, Messieurs, il sait le sort qui l'attend ; il demande et accepterait le secours venant de ses concitoyens ; mais il ne veut point du salut qu'on lui offre sans leur aveu, et il préfère attendre la mort au poste qu'ils lui ont confié, que de fuir sans être rappelé par eux. Telles étaient sa mâle vertu et son indomptable fermeté pour tout ce qui lui paraissait être un devoir.

Son adresse, arrivée à Bordeaux, fut lue en public et écoutée avec le recueillement de la douleur et de la consternation, au milieu d'une assemblée composée du Conseil général de la Gironde et des divers corps administratifs et judiciaires du département. Aussitôt se rédige une protestation énergique qu'on envoie à la Convention, au Tribunal révolutionnaire, au ministre de l'intérieur. Quelques députés proscrits parcourent la France avec des déguisements voyageant nuit et jour, en butte aux fatigues, à la faim, à tous les dangers et vont regagner chacun leur pays pour ranimer le courage de leurs concitoyens. Remède inutile ! impuissants efforts ! On n'arrête point ainsi, quand il est débordé, le torrent des passions populaires ; la foule était déchaînée avec ses brutalités aveugles, ses fureurs insensées, il lui fallait du sang ; les Girondins n'étaient point faits pour de pareils excès. Depuis longtemps leur modération, leur réserve les rendaient de trop sur la scène politique ; on ne les voulait pas comme témoins, ces hommes dont on n'avait pu faire des complices ; il fallait les sacrifier à tout prix.

Le 24 octobre, ils comparurent devant le Tribunal révolutionnaire, et la France entière assiste à ce scandale de voir assis sur le banc des criminels les députés élus par son peuple, et qu'on avait pris pour exercer leur mandat dans la classe la plus intelligente et la plus distinguée de la nation.

On ne craignit point d'insulter à la majesté de la justice en déployant, comme par une amère dérision, les formes usitées pour la poursuite et la condamnation des coupables.

Ils avaient un défenseur, ces coupables innocents, et ce défenseur n'eut point le droit de se faire entendre ; ils avaient des témoins, calomniateurs acharnés, un accusateur, tigre altéré de sang, c'était Fouquier-Thinville, des juges enfin, véritables bourreaux qui n'eurent même point la franche indignité de leur odieux ministère.

Six jours se passèrent en débats dérisoires, et le 30 oct<
bre, à minuit, le Président leur lisait la déclaration du jur
et le jugement qui les condamnait à mort. Gensonné se lè<
alors au milieu de la consternation, des cris, du tumulte <
toute l'Assemblée, et essaie vainement de faire entend<
quelques mots sur l'application de la loi. Mais si l'on couv<
sa voix, du moins on n'avait pu arrêter sa plume, et il ava<
écrit, avant de quitter la prison, des lignes admirables.

Que ne puis-je, Messieurs, vous les faire entendre! S<
cœur s'y montre dans toute sa sincérité; il dit la noble i<
dignation que lui inspirent ses ennemis; il dit ses travau<
du passé, ses souvenirs, ses regrets, ses espérances p<
delà le tombeau, le tout avec cet accent si élevé que prer<
la voix de l'homme qui va quitter la terre; il semble qu<
ces dernières pages soient comme l'urne funéraire da<
laquelle il a fixé l'empreinte de son âme près de s'envol<
au ciel, pour en léguer l'image à la postérité.

Cependant l'heure solennelle approchait; les condamné<
c'est ainsi qu'il faut les appeler maintenant, étaient to<
réunis dans une salle de la Conciergerie. Je ne vo<
redirai point les détails de cette dernière nuit, n<
sublime, comme l'a dit M. Thiers. Vous connaissez <
banquet célèbre dans lequel tous ces hommes, jeun<
encore, retenus en ce monde par tout ce qui rattache <
la vie, oubliant leurs regrets et l'horreur du supplic<
s'entretenaient saintement de l'avenir de la France et <
bonheur du peuple.

Lorsque le jour parut, l'abbé Lambert pénétra par<
eux pour leur prodiguer, avec les secours de la religio<
les consolations d'une âme fervente et pure. Gensonn<
était près de lui lorsqu'on vint pour faire la sinistre to<
lette des condamnés. Quand le bourreau lui eut enlevé <
chevelure, il ramassa une mèche de ses cheveux, <
tendit au prêtre, et le supplia de la remettre à sa femm<

en ajoutant : « Dis-lui que c'est tout ce que je peux lui envoyer de mes restes, mais que je meurs en lui adressant toutes mes pensées. » Simple et touchant adieu, qui dut tout à la fois ravir et déchirer l'âme de celle qui l'a reçu.

Messieurs, Jeanne d'Arc pleurait sur le bûcher en voyant passer au ciel les nuages que le vent chassait vers les champs de Vaucouleurs ; Louis XVI était pâle et tremblant, quand ses enfants vinrent la veille de sa mort l'embrasser à la Conciergerie ; Gensonné avait la voix altérée, les yeux humides de pleurs, quand il prononça pour la dernière fois le nom de la femme qu'il aimait, en lui envoyant, comme un dépôt sacré, quelques-uns des cheveux que le bourreau venait de lui couper.

C'est qu'il n'y a rien de plus vrai dans ce monde que les affections du cœur ; c'est le cœur qui nous donne et nos premières aspirations et notre dernière pensée, et tous les hommes ici-bas, quel que soit leur âge ou leur position, quel que soit leur nom, leur pays ou leur fortune, tous les hommes, quand l'heure fatale arrive, oublient les agitations de leur vie et jusqu'aux angoisses de leur mort, et ne songent plus qu'à fouiller dans leur cœur pour en exhaler un dernier cri de tendresse, et à tourner une fois encore leurs yeux voilés de larmes vers le toit qui recouvre leurs parents et leurs amis, chers objets de leur suprême amour et de leur dernier regret.

A dix heures, les exécuteurs rassemblaient les condamnés et les menaient en colonne sur la place du Palais. C'est là qu'attendaient les hideuses charrettes pour les conduire à l'échafaud : le bourreau aussi attendait, et il allait faire son œuvre.

Mais je me tais, Messieurs ; en présence d'un pareil événement, aucune réflexion, aucun commentaire ne sont permis ; il ne reste dans l'âme qu'une profonde et douloureuse émotion.

Que cette émotion du moins ne soit point perdue pour nous; ne nous bornons point à payer à notre illustre confrère un stérile hommage de larmes ou de regrets; sachons trouver dans sa vie héroïque, dans sa mort admirable, les grands enseignements qu'elles renferment.

Sans ambition et sans envie, étranger aux intrigues de la cour et à la haine aveugle des partis, et pénétré seulement du sentiment de ses devoirs et de l'amour du peuple, il a traversé sans souillure le torrent révolutionnaire; et s'il a eu lui aussi ses erreurs, du moins il a su, au milieu des troubles et des agitations de son époque, résoudre ce grand problème, le seul que se posent ici-bas les hommes de bien : vivre et mourir honnêtement.

Déjà plus d'un demi-siècle a passé sur sa tombe, et le temps qui efface tout n'a pu jeter son nom dans l'oubli.

Pour nous, Messieurs, gardons comme un dépôt sacré la mémoire de son talent et de ses vertus; puissions-nous trouver sans cesse dans ce pieux souvenir un exemple toujours vivant pour nos âmes; puissions-nous y retremper nos cœurs et y puiser le courage nécessaire pour les épreuves qui nous attendent !

L'avenir est devant nous avec ses luttes, ses incertitudes, ses espérances; marchons vers lui avec confiance; efforçons-nous d'apporter, nous aussi, notre part, grande ou modeste, à ce monument précieux d'honneur et de gloire que se transmettent d'âge en âge les générations de notre Ordre; et quand notre heure sera venue, et que nous irons nous perdre dans le silence et l'ombre du passé, que nos successeurs puissent, à leur tour, nous payer leur tribut d'estime et de reconnaissance, en recueillant de nous, dans toute leur pureté, les nobles traditions que nous avaient transmises nos illustres devanciers.

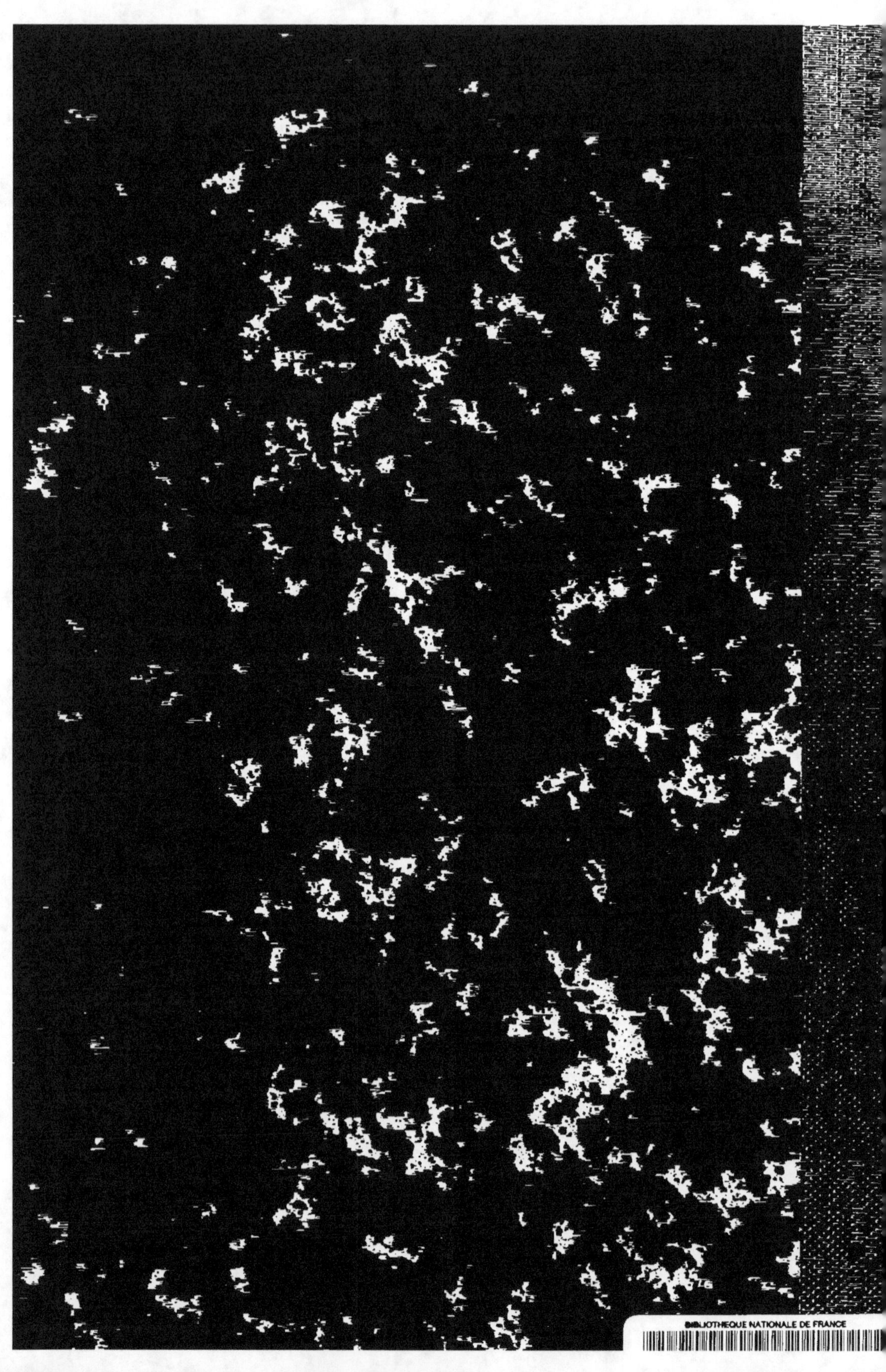